As doze grandes promessas
do Sagrado Coração de Jesus

Coleção Vida Cristã

- *As doze grandes promessas do Sagrado Coração de Jesus*
  Celina H. Weschenfelder
- *Rezando com Nossa Senhora*
  Maria Belém
- *Trinta dias com o Imaculado Coração de Maria*
  José Carlos Ferreira da Silva
- *Trinta dias com o Sagrado Coração de Jesus*
  José Carlos Ferreira da Silva
- Um mês em oração pela família
  José Carlos Ferreira da Silva

CELINA H. WESCHENFELDER

As doze grandes promessas
do Sagrado Coração de Jesus

Paulinas

Dados Internacionais de Catalogação na Publicação (CIP)
(Câmara Brasileira do Livro, SP, Brasil)

Weschenfelder, Celina H.
  As doze grandes promessas do Sagrado Coração de Jesus /
Celina H. Weschenfelder. – 7. ed. – São Paulo : Paulinas, 2012.
(Coleção vida cristã).

ISBN 978-85-356-3245-3

1. Sagrado coração - Devoção I. Título. II. Série.

12-08024   CDD-242.2

Índice para catálogo sistemático:
1. Sagrado Coração de Jesus : Devoção : Religião cristã   242.2

Citações: Bíblia Sagrada – Tradução da CNBB, 2001.
Este livro segue a nova ortografia da Língua Portuguesa.

Direção-geral: *Flávia Reginatto*
Editora responsável: *Luzia M. de Oliveira Sena*
Assistente de edição: *Andréia Schweitzer*
Copidesque: *Rosa Maria Ayres da Cunha*
Coordenação de revisão: *Marina Mendonça*
Revisão: *Ana Cecilia Mari e Jaci Dantas*
Direção de arte: *Irma Cipriani*
Gerente de produção: *Felício Calegaro Neto*
Projeto gráfico: *Telma Custódio*
Capa e diagramação: *Manuel Rebelato Miramontes*

7ª edição – 2012
7ª reimpressão – 2025

Nenhuma parte desta obra poderá ser reproduzida ou transmitida por qualquer forma e/ou quaisquer meios (eletrônico ou mecânico, incluindo fotocópia e gravação) ou arquivada em qualquer sistema ou banco de dados sem permissão escrita da Editora. Direitos reservados.

Paulinas

Rua Dona Inácia Uchoa, 62
04110-020 – São Paulo – SP (Brasil)
Tel.: (11) 2125-3500
paulinas.com.br
editora@paulinas.com.br
Telemarketing e SAC: 0800-7010081

© Pia Sociedade Filhas de São Paulo – São Paulo, 2002

*Ao papai Mathias Arthur e mamãe Hilária (in memoriam),
fiéis devotos do Sagrado Coração de Jesus.
Aos irmãos Aloísio, Irio Antônio, Francisco,
Mons. Natalício José e Lourdinha W. Caramori (in memoriam).
Com ternura, às minhas irmãs Cléria, Maria Nathália,
Terezinha Vilma, Jacinta, Lúcia, Bernadete, Zirley e Elvira.*

Apresentação

Nos meus contatos pastorais, sobretudo com pessoas humildes, descobri a grande riqueza da espiritualidade do Sagrado Coração de Jesus. Algumas vezes eu perguntava às pessoas qual era o motivo de tanto fascínio por essa devoção e fidelidade à primeira sexta-feira de cada mês. Sempre obtive a mesma resposta: "Eu amo o Coração de Jesus".

Comecei, por isso, a aprofundar o estudo do tema, procurando traduzir em palavras simples a minha reflexão, e agrupar algumas orações que já são rezadas assiduamente por milhares de devotos.

Todas as devoções tendem a conservar as formas em que surgiram, guardando inevitavelmente a marca da sua época. E assim, com a evolução da Igreja, poderiam parecer ultrapassadas, sobretudo numa época de renovação, como está sendo a nossa. No caso da devoção ao Sagrado Coração de Jesus, em particular, observa-se esse fenômeno, pois se refere ao que há de mais profundo no mistério cristão: a manifestação do amor misericordioso de Deus em Cristo, que nos comunica, por amor, o seu Espírito. Então, apesar da relatividade das formas assumidas na história, a devoção guarda seu valor central, que precisa ser colocado em evidência em cada nova época da história da Igreja.

Foi com esse intuito que, depois de relembrar os fundamentos da devoção, propus um breve comentário às doze promessas que a resumem, por assim dizer, antes de mencionar algumas orações e cantos em uso na Igreja.

Que estas páginas, escritas com muito carinho, possam realmente chegar ao coração dos devotos e devotas do Sagrado Coração do Mestre Jesus, para nos aproximarmos cada dia mais dele e tornarmos o nosso coração semelhante ao seu.

A autora

Parte 1

O amor misericordioso de Deus vivido por Jesus e manifestado no seu Sagrado Coração

A tradição bíblica

O desejo de Deus, inscrito no coração de todos os seres humanos, criaturas de Deus, é o farol que nos ilumina em nossa caminhada para ele. O grande dom de Deus à humanidade foi, além disso, chamar-nos a participar de sua vida, colocando em nosso coração o reconhecimento de Deus, a fé, e o desejo de fazer a sua vontade. Deus, enfim, completou a sua obra, vindo em pessoa habitar entre nós, para manifestar o seu amor misericordioso e compartilhar conosco seu Espírito. É o mistério cristão de que fala Paulo.

Verdadeiro homem, o Filho de Deus encarnado viveu entre nós intensamente o seu amor pelo Pai, e vive até hoje, junto ao Pai, com o seu coração humano glorificado, o amor misericordioso de Deus para conosco. Por isso a Igreja nos propõe a devoção ao Sagrado Coração de Jesus.

A experiência do amor misericordioso de Deus para conosco, antes de tudo, deixou testemunhos eloquentes em toda a Bíblia. Falando de um enigmático servidor, cujos traços parecem antecipar a história da Paixão de Jesus, um discípulo de Isaías mencionou o sentido de seus sofrimentos, em meados do século VI antes de Cristo:

> Eram na verdade os nossos sofrimentos que ele carregava, eram as nossas dores que levava às costas. Estava sendo transpassado por causa de nossos pecados (cf. Is 53,4-6).

Pouco antes, o profeta Ezequiel falara do dom de Deus, que nos purifica interiormente de nossas faltas e nos comunica um coração novo, que nos faz viver do seu Espírito:

Derramarei sobre vós água pura e sereis purificados [...]. Eu vos darei um coração novo e porei em vós um espírito novo. Removerei de vosso corpo o coração de pedra e vos darei um coração de carne. Porei em vós o meu espírito e farei com que andeis segundo minhas leis e cuideis de observar os meus preceitos (Ez 36,25-27).

No Novo Testamento, é o próprio Jesus quem fala dos sentimentos de seu coração manso e humilde, no qual encontraremos todos a paz interior em nossas dificuldades:

Vinde a mim, todos vós que estais cansados e carregados de fardos, e eu vos darei descanso. Tomai sobre vós o meu jugo e sede discípulos meus, porque sou manso e humilde de coração, e encontrareis descanso para vós. Pois o meu jugo é suave e o meu fardo é leve (Mt 11,28-30).

O discípulo amado, no quarto Evangelho, firma seu testemunho da morte de Jesus no coração transpassado:

[...] um soldado golpeou-lhe o lado com uma lança, e imediatamente saiu sangue e água. Aquele que viu dá testemunho, e o seu testemunho é verdadeiro; ele sabe que fala a verdade, para que vós, também, acrediteis (Jo 19,34-35).

Dessa forma, na tradição cristã, o Coração de Jesus se tornou o sinal por excelência do gesto supremo do amor de Deus para com os seres humanos, gesto de amor do Coração de Jesus, que deu sua vida por nós e, nesse dom, nos comunica o seu Espírito.

A origem histórica da devoção ao Sagrado Coração

A morte e a ressurreição de Jesus sempre estiveram no centro do cristianismo, mas foram abordadas de diferentes pontos de vista, segundo a cultura e as preocupações de cada época. A partir do século XII começa-se a dar maior importância aos aspectos humanos de Jesus que, sendo Filho de Deus, não deixou de pensar e de agir como homem, traduzindo, em seus sentimentos, os sentimentos do próprio Deus. Em seu coração vibrava o amor misericordioso de Deus para conosco.

Mais tarde, numa época em que se acentuou demasiadamente a imagem de um Deus rigoroso e justo, o Espírito Santo suscitou na Igreja um movimento em favor do amor e da misericórdia de Deus, manifestados justamente no Coração de Jesus.

No século XVII, mais precisamente no dia 16 de junho de 1675, durante uma exposição do Santíssimo Sacramento, na cidade francesa Paray-le-Monial, Margarida Maria Alacoque (1647-1690) ouviu do próprio Jesus as palavras: "Eis o coração que tanto tem amado os seres humanos e em recompensa não recebe, da maior parte das pessoas, senão ingratidões e friezas que têm por mim neste Sacramento de Amor".

Estavam lançadas as bases do que se tornaria, na Igreja, a devoção ao Sagrado Coração de Jesus. Ao testemunho do amor misericordioso associava-se a ideia de reparação pelos pecados, que deu origem a práticas inovadoras, na época, tais como a consagração ao Coração de Jesus, o culto das nove primeiras sextas-feiras, a hora santa reparadora, a consagração da família ao Sagrado Coração de Jesus, ladainhas e orações diversas.

O ensino atual da Igreja

A devoção ao Sagrado Coração de Jesus desempenhou importante papel na espiritualidade católica durante todo o século XIX e até metade do século XX. A doutrina do Corpo Místico de Cristo, posta em evidência com a Encíclica de Pio XII, em 1942 e, mais tarde, com o Concílio Vaticano II (1962-1965), chamando a atenção para o conjunto do mistério cristão, contribuiu para situar a devoção ao Sagrado Coração de Jesus em continuidade ao gesto redentor de Jesus. É sintomática, por exemplo, a forma como o Catecismo da Igreja Católica a menciona no contexto da entrega de Jesus ao Pai, por causa de nossos pecados:

> Ao abraçar em seu coração humano o amor do Pai pelos homens, Jesus "amou-os até o fim" (Jo 13,1), "pois ninguém tem maior amor do que aquele que dá a vida por seus amigos" (Jo 15,13). Assim, no sofrimento e na morte, sua humanidade se tornou o instrumento livre e perfeito de seu amor divino, que quer a salvação dos homens. Com efeito, aceitou livremente sua paixão e sua morte por amor de seu Pai e dos homens, que o Pai quer salvar: "Ninguém me tira a vida, mas eu a dou livremente" (Jo 10,18). Daí a liberdade soberana do Filho de Deus quando ele mesmo vai ao encontro da morte.[1]

Pode-se então dizer que todos os elementos que compõem a devoção ao Sagrado Coração de Jesus devem se alimentar cada vez mais de suas raízes bíblicas e serem vividos como expressões do que há de mais central no mistério cristão: o amor mi-

---

[1] Catecismo da Igreja Católica, n. 609.

sericordioso do Pai que, através do Coração de Jesus, nos faz participantes de seu Espírito.

Para alcançar esse objetivo, parece-nos um bom caminho partir das doze grandes promessas do Sagrado Coração de Jesus a Santa Margarida Maria Alacoque, interpretando-as na perspectiva do ensino atual da Igreja, que, justamente, nos convida a considerar a devoção ao Sagrado Coração como expressão privilegiada do mistério cristão.

As doze grandes promessas do Sagrado Coração de Jesus

1ª – Eu darei aos devotos do meu Coração todas as graças necessárias a seu estado.

2ª – Trarei e conservarei a paz em suas famílias.

3ª – Consolá-los-ei em todas as suas aflições.

4ª – Ser-lhes-ei refúgio seguro na vida e principalmente na morte.

5ª – Lançarei bênçãos abundantes sobre tudo que vocês empreenderem.

6ª – Os pecadores acharão em meu Coração a fonte e o oceano das misericórdias.

7ª – Almas tíbias tornar-se-ão fervorosas.

8ª – As almas fervorosas elevar-se-ão em pouco tempo a uma alta perfeição.

9ª – A minha bênção pousará sobre as casas em que se achar exposta e venerada a imagem do meu Sagrado Coração.

10ª – Darei aos sacerdotes o poder de tocar os corações mais endurecidos.

11ª – As pessoas que propagarem esta devoção terão seus nomes inscritos para sempre em meu Coração.

12ª – A todos os que comungarem nas primeiras sextas-feiras de nove meses seguidos darei a graça da perseverança final e da salvação eterna.

Breve comentário às doze promessas do Sagrado Coração de Jesus

Um dos legados mais característicos da devoção que remonta a Santa Margarida Maria Alacoque são as famosas doze promessas, ponto de referência de todas as práticas que se generalizaram na Igreja. Propomo-nos aqui a comentá-las brevemente, levando em conta o contexto atual.

Primeira promessa
"Eu darei aos devotos do meu Coração todas as graças necessárias a seu estado."

Jesus se apresenta como a fonte de todas as graças. Ele lembra: "Sem mim, nada podeis fazer" (Jo 15,5b), apontando agora para seu Coração. O amor de Deus, que habita o Coração de Jesus em plenitude, é derramado sobre todos os seres humanos pela comunicação do seu Espírito, possibilitando a todos viver segundo a graça, qualquer que seja seu estado de vida.

Obrigado, Sagrado Coração de Jesus, pela vossa promessa de vida!

Segunda promessa
"Trarei e conservarei a paz em suas famílias."

Em nossa vida, a família desempenha um papel primordial. Jesus, que nos prometeu a paz — "Deixo-vos a paz, dou-vos a minha paz" (Jo 14,27a) —, cumprirá sua promessa concedendo à nossa família as graças necessárias para viver segundo o seu Coração.

Obrigado, Jesus, pela vossa promessa de paz!

TERCEIRA PROMESSA
"Consolá-los-ei em todas as suas aflições."

Consolar, confortar, sustentar, vivificar são ações atribuídas ao Espírito, que Jesus promete enviar aos discípulos no seu discurso de despedida. O Espírito de Jesus, chamado, por isso, o "paráclito", no quarto Evangelho (Jo 14,16.26; 15,26; 16,7), brota de seu Coração, fazendo dele o sustento de toda a vida cristã.

Obrigado, Jesus, por essa promessa confortadora!

QUARTA PROMESSA
"Ser-lhes-ei refúgio seguro na vida e principalmente na morte."

"Não vos deixarei órfãos" (Jo 14,18a), disse Jesus aos discípulos, na véspera de sua morte. Jesus é, de fato, "a ressurreição e a vida". Quem acredita nele, como disse a Marta, mesmo que morra, viverá. E todo aquele que vive e acredita nele não morrerá para sempre (cf. Jo 11,25-26). Junto ao Pai, glorioso, o Coração de Jesus é nosso conforto e esperança, durante toda a vida e principalmente no momento de nossa morte.

Obrigado, Jesus, por vossa promessa de vida!

QUINTA PROMESSA
"Lançarei bênçãos abundantes sobre tudo que vocês empreenderem."

Depois de uma noite inútil de pescaria, os discípulos voltavam desanimados. Mas Jesus ressuscitado os esperava na praia e mandou que lançassem as redes. Quase não conseguiram puxá-las, tal a quantidade de peixes que haviam apanhado (cf. Jo 21,3-6). Tudo que empreendemos será bem-sucedido, se o fizermos confiantes no Coração de Jesus. O apóstolo Paulo bem o sabia, e atribui a Deus todos os frutos de sua atividade apostólica: "Dou sempre graças a meu Deus a vosso respeito, por causa da graça que ele vos concedeu no Cristo Jesus" (1Cor 1,4).

Obrigado, Jesus, pelas inúmeras graças que nos concedeis a cada dia!

Sexta promessa
"Os pecadores acharão em meu Coração a fonte e o oceano das misericórdias."

Certo dia, uma mulher pecadora acariciava em público os pés de Jesus, para escândalo dos fariseus. Jesus censurou a frieza com que fora recebido, em contraste com o gesto carinhoso da mulher. Voltando-se para ela, declarou: "Teus pecados estão perdoados... Tua fé te salvou..." (Lc 7,48.50).

Perdão é uma linguagem que só os corações entendem. A graça da fé, pela qual acolhemos Jesus com o coração sincero e arrependido, recebe a garantia do perdão do seu Coração.

Obrigado, Sagrado Coração de Jesus, pois vossa misericórdia é infinita!

SÉTIMA PROMESSA
"Almas tíbias tornar-se-ão fervorosas."

Quando a tibieza toma conta da nossa vida, não sentimos motivação para nada. Tudo parece demais e cansativo. Nada nos move para o bem. Não será essa a tibieza de que fala a sétima promessa? Jesus, porém, veio para nos dar a vida em abundância (cf. Jo 10,10). Seu Coração ardente de amor junto ao Pai é a fonte de todo o fervor e generosidade com que somos chamados a viver no nosso empenho em favor do próximo, como ele mesmo o demonstrou em vida, para com os pobres, doentes, necessitados e excluídos.

Coração de Jesus, que vossa vida plena nos anime todos os dias!

OITAVA PROMESSA
*"As almas fervorosas elevar-se-ão
em pouco tempo a uma alta perfeição."*

Soa como uma verdadeira bem-aventurança. Assim como aos puros de coração se augura a visão de Deus (cf. Mt 5,8), promete-se a perfeição do amor a todos aqueles que espelham em seu íntimo o amor com que são amados pelo Coração de Jesus. Ao entardecer dessa vida, dizia São João da Cruz, seremos julgados sobre o amor, pois Jesus nos chama a ser perfeitos como o Pai (cf. Mt 5,48); e o seremos à medida que abrirmos o nosso coração ao convite de Jesus, amarmos a Deus acima de todas as coisas e ao próximo como a nós mesmos, especialmente os pobres e mais necessitados.

Fortalecei-nos, Sagrado Coração de Jesus, no amor e na doação!

Nona promessa
*"A minha bênção pousará sobre as casas
em que se achar exposta e venerada
a imagem do meu Sagrado Coração."*

Quando se trata de amor, lembrança, fidelidade e afeto, as imagens desempenham um papel muito importante na vida humana. A melhor comparação que podemos fazer aqui é a da fotografia. É apenas uma lembrança de alguém, mas como tratamos com carinho a fotografia das pessoas que amamos! Levamo-la conosco, até a colocamos à nossa frente no trabalho e em casa, a enfeitamos com flores e lhe prestamos homenagem carinhosa no fundo do coração. O Coração de Jesus é a imagem de seu amor para com o Pai e para com todos nós, e merece, pois, a nossa devota homenagem.

Ó Jesus, Mestre bom, fazei-nos compreender a grandeza de vosso amor!

Décima promessa
*"Darei aos sacerdotes o poder
de tocar os corações mais endurecidos."*

Como era importante o papel que os sacerdotes desempenhavam na Igreja, no tempo de Santa Margarida Maria Alacoque! Até hoje, apesar da multiplicação dos meios de comunicação, a Palavra de Deus nos chega principalmente pela boca dos sacerdotes, chamados, portanto, a ser testemunhas do amor de Jesus por todos os seres humanos, em especial quando presidem a Eucaristia. Essa promessa do Coração de Jesus é uma graça imensa para a Igreja, que precisa contar com sacerdotes empenhados em testemunhar o Espírito de Jesus, por sua palavra, na administração dos sacramentos e, sobretudo, por sua vida interiormente santa, como a do Coração de Jesus.

Ó Jesus! Que os sacerdotes, na Igreja, levem a todos consolação, perdão e amor!

Décima primeira promessa
"As pessoas que propagarem esta devoção terão seus nomes inscritos para sempre em meu Coração."

Essa promessa deve ser entendida como uma espécie de aliança. A devoção ao Sagrado Coração de Jesus está tão radicada nos fundamentos do Evangelho, que precisa ser difundida por toda a terra, pois todos os seres humanos são chamados a acolher a Deus, que se inscreve no fundo de nosso coração (cf. Jr 31,33). Assim como o bem, que tende a se comunicar, o amor de Deus, manifestado pelo Coração de Jesus, nos leva a proclamá-lo a tempo e a contratempo, todos os dias de nossa vida, a todas as pessoas e a todos os grupos que buscam a verdade, a justiça e o amor na vida.

Sagrado Coração de Jesus, alargai o nosso coração para que saibamos levá-lo a todos os que têm sede de luz e de amor!

Décima segunda promessa
"A todos os que comungarem nas primeiras sextas-feiras de nove meses seguidos darei a graça da perseverança final e da salvação eterna."

Um dos aspectos mais profundos do mistério cristão é a relação entre tempo e eternidade. Vivemos no tempo, mas somos chamados a viver eternamente. Tornando-se homem, o Filho de Deus viveu na história, mas, de fato, vive eternamente junto ao Pai, fazendo-se presente em todos nós pelo dom do Espírito, em especial, na Eucaristia. Vivo junto ao Pai, o Coração de Jesus promete conferir valor de eternidade ao tempo, por uma fidelidade de nove meses à Eucaristia. Tempo simbólico de nossa gestação para a vida em Deus!

Ó meu Jesus, fazei que nossa vida na terra seja preparação para a vida que não tem fim, junto a vós, na eternidade! Amém.

Considerações finais

A promessa é uma estrutura constante da tradição religiosa bíblica. Os patriarcas viveram da promessa, basta considerar a história de Abraão, inteiramente fundada na fé da promessa divina, por mais contraditória que parecesse ser sua vida. O povo atravessou o Mar Vermelho com base na promessa de se tornar uma nação livre, promessa que Deus manteve, apesar das infidelidades do povo. Davi foi escolhido em vista da promessa de um Salvador, que seria um descendente seu, apesar de seu pecado.

Maria acreditou no cumprimento da promessa, apesar de se manter fiel à sua virgindade, e foi agraciada como nenhuma outra criatura, tornando-se Mãe de Deus pelo seu "sim" dito à palavra do anjo, num ato único de fé e amor.

As promessas a Margarida Maria Alacoque podem nos soar estranhas pela linguagem em que foram feitas. Mas, desde que as recebamos na sua substância, são consolo e esperança para toda a humanidade. Reconhecendo que nossa vida está inteiramente na dependência do amor de Deus e que somos chamados a compartilhar os sofrimentos de Jesus, unidos ao seu Coração, no seu Espírito, as promessas do Coração de Jesus nos dão a certeza de que viveremos para sempre em paz com Deus e com o próximo, nesta terra e na eternidade.

Assim entendidas, essas promessas são chamadas a iluminar todas as práticas da devoção ao Sagrado Coração de Jesus.

Parte 2

Devocionário do Sagrado Coração de Jesus

Consagração do gênero humano ao Sagrado Coração de Jesus

Senhor Jesus, Redentor da humanidade, olhai para nós, humildemente prostrados diante do vosso altar. Nós somos e queremos ser vossos; e, a fim de podermos viver mais intimamente unidos a vós, cada um de nós se consagra espontaneamente ao vosso Sacratíssimo Coração!

Muitos, tristemente, jamais vos conheceram; muitos, desprezando os vossos mandamentos, vos renegaram. Ó bom Jesus, tende piedade de todos, e atraí-os para o vosso Santíssimo Coração.

Senhor, sede Rei não somente dos fiéis, que jamais se afastaram de vós, mas também dos filhos pródigos que vos abandonaram; fazei que estes regressem quanto antes à casa paterna, para que não pereçam de miséria e de fome!

Sede Rei também dos que são enganados por falsas doutrinas, ou dos que se encontram divididos pela discórdia. Conduzi-os de volta ao porto da Verdade e à unidade da fé, para que, em breve, haja um só rebanho e um só Pastor!

Senhor, concedei à vossa Igreja segurança e completa liberdade; dai paz e justiça a todos os povos e fazei que, em toda a terra, ressoe uma só voz: Louvado seja o Coração divino, que nos trouxe salvação. Honra e glória a ele por todos os séculos. Amém![1]

---

[1] Esta prece foi escrita pelo papa Leão XIII, em 1899, para ser recitada, a cada ano, na festa de Cristo Rei, e atualizada conforme os tempos.

Ladainha do Sagrado Coração de Jesus

Senhor, tende piedade de nós.
Jesus Cristo, tende piedade de nós.
Senhor, tende piedade de nós.
Jesus Cristo, ouvi-nos.
Jesus Cristo, atendei-nos.

Deus, Pai dos céus,	tende piedade de nós!
Deus Filho, Redentor do mundo,	"
Deus Espírito Santo,	"
Santíssima Trindade que sois um só Deus,	"
Coração de Jesus, Filho do Pai eterno,	"
Coração de Jesus, formado pelo Espírito Santo no seio da Virgem Mãe,	"
Coração de Jesus, unido substancialmente ao Verbo de Deus,	"
Coração de Jesus, de infinita majestade,	"
Coração de Jesus, templo santo de Deus,	"
Coração de Jesus, tabernáculo do Altíssimo,	"

Coração de Jesus,
    casa de Deus e porta do céu, "

Coração de Jesus,
    fornalha ardente de caridade, "

Coração de Jesus,
    receptáculo de justiça e de amor, "

Coração de Jesus,
    cheio de bondade e de amor, "

Coração de Jesus,
    abismo de todas as virtudes, "

Coração de Jesus,
    digníssimo de todo o louvor, "

Coração de Jesus,
    rei e centro de todos os corações, "

Coração de Jesus,
    no qual estão todos os tesouros
    de sabedoria e ciência, "

Coração de Jesus,
    no qual habita toda a
    plenitude da divindade, "

Coração de Jesus,
    no qual o Pai pôs
    as suas complacências, "

Coração de Jesus,
    de cuja plenitude
    todos nós participamos, "

Coração de Jesus,
    desejo das colinas eternas, "

Coração de Jesus,
  paciente e muito misericordioso, "
Coração de Jesus,
  rico para todos os que vos invocam, "
Coração de Jesus,
  fonte de vida e santidade, "
Coração de Jesus,
  propiciação pelos pecados, "
Coração de Jesus,
  saturado de opróbrios, "
Coração de Jesus,
  atribulado por causa de nossos crimes, "
Coração de Jesus,
  obediente até a morte, "
Coração de Jesus,
  transpassado pela lança, "
Coração de Jesus,
  fonte de toda consolação, "
Coração de Jesus,
  nossa vida e ressurreição, "
Coração de Jesus,
  nossa paz e reconciliação, "
Coração de Jesus,
  vítima dos pecadores, "
Coração de Jesus,
  salvação dos que expiram em vós, "
Coração de Jesus,
  esperança dos que esperam em vós, "

Coração de Jesus, delícia de todos os santos,
   tende piedade de nós.

Cordeiro de Deus, que tirais os pecados do mundo,
   perdoai-nos, Senhor.

Cordeiro de Deus, que tirais os pecados do mundo,
   ouvi-nos, Senhor.

Cordeiro de Deus, que tirais os pecados do mundo,
   tende piedade de nós.

Jesus, manso e humilde de coração,
   fazei o nosso coração semelhante ao vosso.

Oração

Deus onipotente e eterno, olhai para o Coração do vosso Filho diletíssimo e para os louvores e as satisfações que ele vos tributa em nome dos pecadores; e aos que implorarem a vossa misericórdia, concedei, benigno, o perdão em nome do vosso mesmo Filho Jesus Cristo, que convosco vive e reina, na unidade do Espírito Santo. Amém.

Consagração da família ao Sagrado Coração de Jesus

Senhor Jesus, nossa família está aqui, em vossa presença, contemplando o vosso Coração ferido, símbolo de vosso amor. Sim, nós cremos no vosso amor e desejamos consagrar nossa família ao vosso Sagrado Coração, renovando nossa consagração batismal.

Senhor Jesus, queremos que vós sejais Senhor e Rei de nosso lar! Prometemos ser uma família cristã, que vive o amor, o diálogo, o perdão! Prometemos ser uma família que professa a verdadeira fé, que reza e evangeliza! Prometemos ser uma família integrada na comunidade cristã e solidária com os que sofrem!

Senhor Jesus, queremos consagrar-nos ao vosso Sagrado Coração, para aprender dele e fazer a vontade de Deus Pai e amar; para encontrar nele o alívio em todos os momentos da vida, a força para perdoar e começar de novo, a esperança de, um dia, nossa família encontrar-se, unida e feliz, na Casa do Pai no céu.

Senhor Jesus, fazemos esta consagração de nossa família em união com Maria e José, vossa Sagrada Família. Que pela sua intercessão, e pelo dom de vosso Santo Espírito, saibamos manter-nos fiéis ao vosso amor e ao compromisso hoje assumido, todos os dias de nossa vida. Amém![2]

---

[2] ZORZI, Pe. Lúcio. *O Sagrado Coração de Jesus*, p. 63.

Lembrai-vos, ó dulcíssimo Jesus

Lembrai-vos, dulcíssimo Coração de Jesus, que nunca se ouviu dizer que alguém, recorrendo com confiança ao vosso Sagrado Coração, implorando a vossa divina assistência e reclamando a vossa infinita misericórdia, fosse por vós abandonado.

Possuído, pois, e animado da mesma confiança, ó Coração Sagrado de Jesus, rei de todos os corações, recorro a vós e me prostro em vossa presença. Meu Jesus, pelo vosso precioso testemunho de sangue e pelo amor de vosso divino Coração, peço-vos que não desprezeis as minhas súplicas, mas ouvi-as favoravelmente e dignai-vos atender-me. Amém![3]

---

[3] Oração adaptada e popularizada por Pe. Claude Bernard (século XVII).

Oração ao Sagrado Coração de Jesus

Ó Sagrado Coração de Jesus, tende piedade de nós, pois necessitamos muito da ternura do vosso Coração. Somos limitados, fracos e insuficientes em tudo, por isso imploramos a vossa misericórdia.

Jesus, vós que sois manso e humilde de coração, fazei que o nosso coração seja semelhante ao vosso e que vos amemos sempre mais. Dai-nos um coração grande e bondoso para acolhermos e aceitarmos todas as pessoas, sem discriminá-las ou rejeitá-las. Que nós saibamos dar uma boa palavra e fazer como vós fizestes.

Sagrado Coração de Jesus, que nos saibamos abrir às necessidades dos nossos irmãos e irmãs, comunicar o vosso amor e propagar esta devoção para muitas pessoas que já vos amam ou que ainda não vos conhecem. Tudo isso vos pedimos por meio de Maria, nossa querida Mãe e Rainha. Assim seja!

Consagração ao Sagrado Coração de Jesus

Ó Coração de Jesus, meu Salvador, que depois de ter derramado na cruz o vosso sangue, até a última gota, vos imolais todos os dias na santa missa, eis-me prostrado diante de vós, desejando ardentemente corresponder aos apelos de vossa imensa caridade.

Como membro do Apostolado da Oração, prometo empregar todos os esforços para que o Apostolado floresça, a fim de que o vosso Reino seja ampliado nas comunidades, nas famílias e no coração de todos. Eu vos peço que me concedais força e constância para cumprir fielmente este meu propósito. Amém.

Ó Jesus, manso e humilde de coração, fazei o nosso coração semelhante ao vosso!

Parte 3

Novena em preparação à festa do Sagrado Coração de Jesus

A festa litúrgica do Sagrado Coração de Jesus é celebrada na sexta-feira após o segundo domingo de Pentecostes, e a festa do Imaculado Coração de Maria é celebrada no dia seguinte à festa do Sagrado Coração de Jesus.

Primeiro dia
O Sagrado Coração de Jesus cura e salva

Em nome do Pai, do Filho e do Espírito Santo. Amém.

Reflexão

Jesus andava com seus discípulos, acolhia e abençoava as crianças e todas as pessoas que chegavam perto dele. Certo dia, ele e seus discípulos navegaram para o outro lado do mar, chegando à região de Genesaré, onde aportaram. Assim que saíram da barca, o povo o reconheceu. Jesus e os discípulos ficaram vários dias nessa região e todos os que padeciam de algum mal eram curados por ele (cf. Mc 6,53-56).

Oração

Ó bom Jesus, vós que curastes os doentes, aliviastes a dor daqueles que não tinham acesso aos meios de cura, olhai para todas as pessoas que esperam a cura de algum mal. Ajudai-nos a acreditar na força da oração e que sem vós nada podemos.

Sagrado Coração de Jesus, curai os doentes e aliviai-lhes os sofrimentos.

Pai-Nosso, Ave-Maria e Glória-ao-Pai.

Coração santo, tu reinarás

Coração santo, tu reinarás;
O nosso encanto, sempre serás (bis).

1. Jesus amável, Jesus piedoso,
   Pai amoroso, frágua de amor.
   A teus pés venho, se tu me deixas,
   Sentidas queixas, humilde expor.

2. Divino peito, que amor inflama,
   Que em viva chama, ardendo estás.
   Olha esta terra, tão desolada,
   E abrasada, logo a verás.

3. Teu sacro fogo, amor ardente.
   Como consente, tão grande mal?
   Ao Brasil chegue tua bondade
   E caridade, Rei divinal.

Segundo dia
Espiritualidade do Sagrado Coração de Jesus

Em nome do Pai, do Filho e do Espírito Santo. Amém.

Reflexão

A ferida aberta, a cruz, os espinhos, a água e o sangue são para nós motivos de profunda contemplação. É do coração transpassado de Jesus na cruz que nasce a nova humanidade: a Igreja. Os espinhos representam os nossos pecados e os de todos os seres humanos. "Eis aquele coração que tanto amou a humanidade! Em troca só recebe ingratidões" (terceira aparição a Margarida Maria Alacoque, junho de 1675). A cruz representa a obediência, e esta, a entrega de Jesus à vontade do Pai.

Oração

Sagrado Coração de Jesus, que saibamos sempre contemplar o vosso Coração que tanto nos amou, dando a própria vida. Como em nossa vida precisamos de símbolos, sinais e lembranças, queremos sempre manter em nosso lar a vossa imagem, para tê-la ainda mais fortemente guardada em nosso coração. Jesus, que sois manso e humilde de coração, fazei-nos sempre mais semelhantes ao vosso Coração.

Pai-Nosso, Ave-Maria e Glória-ao-Pai.

Canto à p. 37 ou 45.

Terceiro dia
A paz que o Coração de Jesus irradia

Em nome do Pai, do Filho e do Espírito Santo. Amém.

Reflexão

Lembro hoje algumas palavras que Santa Teresa d'Ávila já escrevia no século XVI, mas que ainda são atuais para nós hoje: "Nada te perturbe, nada te amedronte, tudo passa, a paciência tudo alcança. A quem tem Deus nada falta, só Deus basta!".

Oração

Sagrado Coração de Jesus, que dissestes "Eu vos deixo a paz, eu vos dou a minha paz", fazei-nos instrumentos de vossa paz. Que todas as pessoas que propagam essa devoção sejam instrumentos do bem, da verdade, da justiça e do amor, como São Francisco de Assis.

Pai-Nosso, Ave-Maria e Glória-ao-Pai.

Canto à p. 37 ou 45.

Quarto dia
Comunicar a vida, em união com Jesus

Em nome do Pai, do Filho e do Espírito Santo. Amém.

Reflexão

A missão de Jesus era dar vida às pessoas, restituir-lhes a dignidade, a saúde, a vontade de viver e de trabalhar pelo bem dos outros. "Eu vim para que tenham vida e vida em plenitude" (cf. Jo 10,10). Próximas de Jesus – como os discípulos, as mulheres, Zaqueu e tantos outros –, as pessoas se tornavam, por sua vez, proclamadoras da Boa-Nova do Reino e comunicadoras da vida.

Oração

Ó Mestre e Senhor, nós vos agradecemos por terdes dado vossa vida por tantas pessoas. Que saibamos ter sempre a ternura do "bom pastor" para com todas as pessoas das quais nos aproximamos, especialmente de quem se extraviou, de quem é fraco e sofredor, a fim de que o amor do Pai alcance tudo e todos.

Pai-Nosso, Ave-Maria e Glória-ao-Pai.

Canto à p. 37 ou 45.

Quinto dia
Consagrados ao Coração de Jesus

Em nome do Pai, do Filho e do Espírito Santo. Amém.

Reflexão

Como lemos no livro do Deuteronômio, somos pessoas consagradas e abençoadas por Deus: "Tu és um povo consagrado ao Senhor teu Deus. O Senhor teu Deus te escolheu dentre todos os povos da terra para seres o seu preferido. O Senhor se afeiçoou a vós e vos escolheu [...] porque vos amou e quis cumprir o juramento que fez a vossos pais" (cf. Dt 7,6-11).

Oração

Senhor Jesus, realmente reconhecemos que somos consagrados e agraciados por vós, com um grande amor que nos amou primeiro. Em consequência disso, muitos esperam de nós um testemunho desta mesma alegria partilhada, pois "quando ainda estávamos sendo formados em segredo [...] quando ainda éramos embriões, ele já nos conhecia." (cf. Sl 139,15-16).

Pai-Nosso, Ave-Maria e Glória-ao-Pai.

Canto à p. 37 ou 45.

Sexto dia
O Coração de Jesus e as famílias

Em nome do Pai, do Filho e do Espírito Santo. Amém.

Reflexão

É grande o desafio de formar hoje uma família. A nona promessa lembra a importância da introdução do Sagrado Coração de Jesus nas famílias, para que ele seja o centro do lar: "Hoje entrou a salvação nesta casa" (cf. Lc 19,9), disse Jesus a Zaqueu depois que entrou em sua casa. É uma grande bênção trazer para os nossos lares a lembrança do Coração de Jesus, para que o amor esteja gravado no mais profundo do nosso ser e inspire toda a nossa vida em família, de uns para com os outros.

Oração

Sagrado Coração de Jesus, que o nosso lar esteja sempre aberto para recebê-lo e acolhê-lo nos irmãos que sofrem. Temos confiança em vós e queremos que permaneçais em nosso lar, conosco formando uma família, que saiba compreender, perdoar e ter misericórdia.

Pai-Nosso, Ave-Maria e Glória-ao-Pai.

Canto à p. 37 ou 45.

Sétimo dia
O Coração de Jesus e o trabalho

Em nome do Pai, do Filho e do Espírito Santo. Amém.

Reflexão

Desde os 12 anos, Jesus já participava ativamente da vida da Sagrada Família. Tendo ido com seus pais ao templo, em Jerusalém, ficou entre os doutores da lei durante três dias, ensinando-os e respondendo a todo tipo de perguntas (cf. Lc 2,41-52). Jesus tinha certeza de que o Pai colocara nele total confiança na realização do seu projeto.

Oração

Jesus trabalhador e amigo dos trabalhadores, olhai para o mundo dos desempregados, que lutam pelo sustento de suas famílias. Conheceis a dor de tantas famílias que não têm o necessário para o alimento dos seus filhos e filhas. Temos certeza de que o vosso Sagrado Coração aumentará em nós a coragem para enfrentarmos as lutas de cada dia, buscando em vós a plena confiança.

Pai-Nosso, Ave-Maria e Glória-ao-Pai.

Canto à p. 37 ou 45.

Oitavo dia
O Coração de Jesus e a misericórdia

Em nome do Pai, do Filho e do Espírito Santo. Amém.

Reflexão

O alimento de Jesus era fazer a vontade do Pai, ensinando a dar de comer a quem tem fome, vestir os nus, visitar os doentes e prisioneiros, acolher os migrantes (cf. Mt 25,31-46). A caridade evangélica é o fundamento do agir cristão. Alimenta a vida de oração e requer o empenho em viver numa sociedade mais justa, como nos esclarecem nossos bispos, no documento sobre a superação da miséria e da fome.[1] Ter misericórdia e compaixão significa amar o próximo, ser solidário, gastar tempo e recursos com o apoio aos irmãos mais pobres, na sua luta pela justiça.

Oração

Ó Sagrado Coração de Jesus, que viveis na intimidade do Pai e vos colocais do lado dos que sofrem, ajudai-nos a reconhecer os mais necessitados como irmãos, respeitando-os em sua dignidade e confiando em sua capacidade de agir, para que vossa vontade seja feita na terra e no céu. Que nossa oração e empenho, em união com toda a Igreja, glorifique o nome do Pai que está nos céus e apresse a vinda do vosso Reino.

Pai-Nosso, Ave-Maria e Glória-ao-Pai.

---

[1] Documentos da CNBB, 69. *Exigências evangélicas e éticas de superação da miséria e da fome*, n. 30, p. 19.

Prova de amor

J. Henrique Weber (CD 12385-4 – Paulinas-COMEP)

> *Prova de amor maior não há*
> *Que doar a vida pelo irmão. (bis)*

1. Eis que eu vos dou
   o meu novo mandamento:
   Amai-vos uns aos outros
   Como eu vos tenho amado.

2. Nisso todos saberão
   que vós sois os meus discípulos:
   Amai-vos uns aos outros
   Como eu vos tenho amado.

3. Como o Pai sempre me ama,
   Assim também eu vos amei.
   Amai-vos uns aos outros
   Como eu vos tenho amado.

Nono dia
O Coração de Jesus nos envia em missão

Em nome do Pai, do Filho e do Espírito santo. Amém.

Reflexão

Jesus reuniu os doze Apóstolos, deu-lhes o poder de curar enfermidades e outros males. Designou ainda setenta e dois outros discípulos e mandou-os, dois a dois, diante de si, por todos os lugares e cidades. Eles voltaram alegres, dizendo a Jesus que tinham expulsado demônios, curado doentes e outras coisas mais. Jesus, então, lhes disse: "Alegrai-vos, sim, com tudo isso, porém, mais ainda porque os vossos nomes estão escritos no céu" (cf. Lc 10,1-20).

Oração

Senhor Jesus, que nos confiastes a missão de evangelizar e anunciar o vosso mistério de amor e de graça, dai-nos coragem e força para perseverarmos até o fim, quando Deus será tudo em todos.

Pai-Nosso, Ave-Maria e Glória-ao-Pai.

Canto à p. 37 ou 45.

Parte 4

Orações diversas

Bênção do Santíssimo Sacramento

Jaculatória

Graças e louvores se deem a todo momento.
Ao Santíssimo e diviníssimo sacramento.

[Antes da bênção.]

Tão sublime sacramento

1. Tão sublime sacramento
   adoremos neste altar.
   Pois o Antigo Testamento
   deu ao Novo o seu lugar!
   Venha a fé por suplemento,
   os sentidos completar.

2. Ao eterno Pai cantemos
   e a Jesus o Salvador.
   Igual honra tributemos
   ao Espírito de Amor.
   Nossos hinos cantaremos.
   Chegue aos céus nosso louvor. Amém!

Oremos

Ó Deus, que neste admirável Sacramento deixastes o memorial da vossa Paixão, concedei-nos tal veneração pelos sagrados mistérios do vosso Corpo e Sangue; que experimentemos sempre em nós a sua eficácia redentora. Vós que viveis e reinais pelos séculos dos séculos. Amém.

Louvores a Deus e aos seus santos

Bendito seja Deus.
Bendito seja seu santo Nome.
Bendito seja Jesus Cristo, verdadeiro Deus e verdadeiro homem.
Bendito seja o nome de Jesus.
Bendito seja seu Sagrado Coração.
Bendito seja o seu precioso Sangue.
Bendito seja Jesus na Eucaristia.
Bendito seja o Espírito Santo Consolador.
Bendita seja a Mãe de Deus, Maria Santíssima.
Bendita seja sua Imaculada Conceição.
Bendita seja sua gloriosa Assunção.
Bendito seja o nome de Maria, Virgem e Mãe.
Bendito seja São José, seu esposo.
Bendito seja Deus nos seus anjos e seus santos.

Oração pela Igreja e pela pátria

Deus e Senhor nosso, protegei a vossa Igreja. Dai-lhe santos pastores e dignos ministros. Derramai as vossas bênçãos sobre o nosso Santo Padre, o Papa (N.), sobre os nossos bispos, sobre o nosso pároco e vigários, sobre todo o clero, sobre o chefe da Nação e do Estado e sobre todas as pessoas constituídas em dignidade para que governem com justiça. Dai ao povo brasileiro paz constante e prosperidade completa. Favorecei com vossa bondade o Brasil, este arcebispado, a paróquia em que habitamos, a cada um de nós em particular e a todas as pessoas por quem somos convidados a orar, ou que se recomendaram às nossas orações. Tende misericórdia das pessoas falecidas: dai-lhes, Senhor, o descanso e a luz eterna. Amém.

Oferecimento do Apostolado da oração

Ofereço-vos, ó meu Deus, em união com o Santíssimo Coração de Jesus, por meio do Coração Imaculado de Maria, as orações, obras, sofrimentos e alegrias deste dia, em reparação das nossas ofensas e por todas as intenções pelas quais o mesmo divino Coração está continuamente intercedendo e sacrificando-se por nós em nossos altares.

Oferecimento do dia ao Divino Coração de Jesus

Divino Coração de Jesus, eu vos ofereço, por meio de Maria, Mãe da Igreja, Rainha dos Apóstolos, e em união com o sacrifício eucarístico, todas as minhas ações, orações, alegrias e sofrimentos deste dia, em reparação dos pecados, pela salvação de todas as pessoas, e pelas intenções especiais que cada um de nós traz em seu coração, para a glória do Pai, na graça do Espírito Santo. Amém.

Tiago Alberione

Oração para passar bem o dia

Ó Maria, minha querida e terna Mãe, colocai vossa mão sobre minha cabeça. Guardai minha mente, coração e sentidos, para que eu não cometa pecado. Santificai meus pensamentos, sentimentos, palavras e ações, para que eu possa agradar a vós e ao vosso Jesus e meu Deus, e, assim, possa partilhar da vossa felicidade no céu.

Jesus e Maria, dai-me vossa bênção. *[Traçando o sinal-da-cruz]* Em nome do Pai, do Filho e do Espírito Santo. Amém!

Alma de Cristo...

Alma de Cristo, santificai-me.
Corpo de Cristo, salvai-me.
Sangue de Cristo, inebriai-me.
Água do lado de Cristo, lavai-me.
Paixão de Cristo, confortai-me.
Ó bom Jesus, escutai-me.
Dentro das vossas chagas, escondei-me.
Não permitais que de vós me afaste.
Do espírito maligno, defendei-me.
Na hora da morte, chamai-me.
E mandai-me ir para vós.
Para que com os vossos santos vos louve.
Por todos os séculos dos séculos. Amém.

Oração a Jesus Crucificado

Eis-me aqui, ó meu bom e dulcíssimo Jesus! De joelhos me prostro em vossa presença, e, com o mais vivo fervor, vos rogo e suplico que imprimais em meu coração o sentimento de fé, esperança e caridade, e de dor por meus pecados, com o propósito de nunca mais vos tornar a ofender; enquanto eu, com todo o amor e com toda a compaixão, vou meditando nas vossas cinco chagas, tendo diante dos olhos, ó bom Jesus, aquilo que já punha em vossa boca a respeito de vós o profeta Davi: "Transpassaram minhas mãos e meus pés, contaram todos os meus ossos".

[Rezar cinco Pai-Nossos na intenção do Santo Padre, o Papa.]

Anexos

Entronização da imagem do Sagrado Coração de Jesus nas famílias

A entronização da imagem ou do quadro do Sagrado Coração de Jesus nas famílias favorece a união e a harmonia e fortalece os laços familiares. Esta prática vem da nona promessa que Jesus fez a Santa Margarida Maria ao dizer: "A minha bênção pousará sobre as casas em que se achar exposta e venerada a imagem de meu Sagrado Coração".

Cerimônia

No dia que for escolhido, possivelmente com a presença de um sacerdote, a família se reúne no local onde a imagem ou o quadro deverão ser benzidos. O sacerdote, então, inicia as orações:

Bênção da imagem

V. A nossa proteção está no nome do Senhor.
R. *Que fez o céu e a terra.*
V. O Senhor esteja convosco.
R. *Ele está no meio de nós.*

Oremos

Deus eterno e todo-poderoso, não reprovais a escultura ou pintura de imagens dos santos, para que à sua vista possamos meditar os seus exemplos e imitar as suas virtudes. Nós vos pedimos que abençoeis † e santifiqueis esta imagem, feita para recordar e honrar o Sacratíssimo Coração do vosso Filho Unigênito, Nosso Senhor Jesus Cristo. Concedei a todos os que diante dela desejarem venerar e glorificar o Coração Santíssimo de vosso Unigênito, que, por seus merecimentos e intercessão, alcancem no presente a vossa graça e no futuro a glória eterna. Por Cristo Nosso Senhor.

R. Amém.

[A seguir, a imagem é aspergida com água benta e todas as pessoas presentes rezam em voz alta o Creio.]

Creio em Deus Pai todo-poderoso, criador do céu e da terra. E em Jesus Cristo, seu único Filho, nosso Senhor, que foi concebido pelo poder do Espírito Santo; nasceu da Virgem Maria; padeceu sob Pôncio Pilatos, foi crucificado, morto e sepultado. Desceu à mansão dos mortos; ressuscitou ao terceiro dia, subiu aos céus; está sentado à direita de Deus Pai todo-poderoso, donde há de vir a julgar os vivos e os mortos. Creio no Espírito Santo; na Santa Igreja Católica; na comunhão dos santos; na remissão dos pecados; na ressurreição da carne; na vida eterna. Amém.

Entronização

[O sacerdote ou o chefe de família (aquele que estiver presidindo a cerimônia) coloca a imagem no trono preparado com antecedência e se ajoelha com os presentes. Ele inicia a oração com as pessoas que estão presentes.]

Ato de consagração

Coração Sagrado de Jesus, que manifestastes a Santa Margarida Maria o desejo de reinar sobre as famílias cristãs, sobre a nossa família queremos hoje proclamar aqui a vossa realeza absoluta; queremos viver doravante da vossa vida; queremos que floresçam no seio desta família aquelas virtudes que, segundo a vossa promessa, já aconteceriam neste mundo: a paz e a harmonia no lar; queremos desterrar para longe de nós o espírito mundano, que vós condenastes.

Dignai-vos, Coração divino, presidir às nossas reuniões, abençoar as nossas empresas espirituais e temporais, afastar de nós as angústias, santificar as nossas alegrias e aliviar as nossas penas.

E, quando soar a hora da separação, quando a morte vier lançar no meio de nós o luto, nós todos, os que partem e os que ficam, seremos submissos a vossos eternos decretos. Consolar-nos-emos com o pensamento de que há de vir um dia em que toda a família, reunida no céu, poderá cantar, para sempre, as vossas glórias e os vossos benefícios. Amém.

[O sacerdote reza então:]

Oremos

Ó Deus, que no Coração de vosso Filho, ferido por nossos pecados, vos dignais prodigalizar-nos os infinitos tesouros do amor, nós vos rogamos que, rendendo-lhe o preito de nossa devoção e piedade, também cumpramos dignamente para com ele o dever da reparação. Pelo mesmo Cristo Nosso Senhor.

R. Amém.

[Após a consagração da família ao Sagrado Coração de Jesus, o sacerdote também pode rezar a consagração a Maria.]

Ato de consagração ao Puríssimo Coração de Maria

Santíssima Virgem Maria, Mãe da Igreja e da família cristã, Rainha do Céu e Refúgio dos Pecadores, nós nos consagramos ao vosso Coração Imaculado. E para que esta consagração seja realmente eficaz e duradoura, nós renovamos hoje, diante de vós, as promessas do nosso batismo e da nossa primeira comunhão.

Nós nos comprometemos a professar corajosamente e sempre as verdades da fé, a viver como católicos inteiramente submissos a todas as ordens do Papa e dos bispos, em comunhão com eles. Nós vos prometemos, finalmente, colocar o coração a serviço do vosso culto bendito, a fim de apressar, pelo Reino de vosso Imaculado Coração, o Reino do Coração de vosso Filho, na nossa pátria querida e no mundo inteiro. Assim seja.

[Todos os presentes rezam em voz alta a Salve-Rainha.]

Salve, Rainha, Mãe de misericórdia, vida, doçura, esperança nossa, salve! A vós bradamos os degredados filhos de Eva, a vós suspiramos, gemendo e chorando neste vale de lágrimas. Eia, pois, Advogada nossa, esses vossos olhos misericordiosos a nós volvei, e depois deste desterro mostrai-nos Jesus, bendito fruto de vosso ventre, ó clemente, ó piedosa, ó doce sempre Virgem Maria.

Rogai por nós, Santa Mãe de Deus.

Para que sejamos dignos das promessas de Cristo.

Sacratíssimo Coração de Jesus, tende piedade de nós.

Coração Imaculado de Maria, rogai por nós.

São José, rogai por nós.

Santa Margarida Maria, rogai por nós.

[O sacerdote, em pé, dá a bênção aos presentes.]

Bênção final

A bênção de Deus todo-poderoso Pai, Filho † e Espírito Santo, desça sobre vós e permaneça para sempre.

R. Amém.

[Pode-se concluir com o canto Coração santo, tu reinarás, *à p. 37 ou um hino a Nossa Senhora.]*

Ato de desagravo para a festa do Sagrado Coração de Jesus, diante do Santíssimo exposto

Dulcíssimo Jesus, cuja infinita caridade para com os homens é por eles tão ingratamente correspondida com esquecimentos, friezas e desprezos, eis-nos aqui prostrados diante do vosso altar, para vos desagravarmos, com especiais homenagens, da insensibilidade tão insensata e das nefastas injúrias com que é de toda a parte alvejado o vosso amorosíssimo Coração.

Reconhecendo, porém, com a mais profunda dor, que também nós, mais de uma vez, cometemos as mesmas indignidades, para nós, em primeiro lugar, imploramos a vossa misericórdia, prontos a expiar não só as nossas culpas, senão também as daqueles que, errando longe do caminho da salvação, não vos querendo como pastor e guia, ou conculcando as promessas do batismo, sacudiram o suavíssimo jugo da vossa santa Lei. De todos estes deploráveis crimes, Senhor, queremos nós hoje desagravar-vos de tantos laços de corrupção armados à inocência, da violação dos dias santificados, das execrandas blasfêmias contra vós e vossos santos, dos insultos ao vosso vigário e a todo o vosso clero, do desprezo e das sacrílegas profanações do Santíssimo Sacramento do divino amor, e, enfim, dos atentados e rebeldias oficiais das nações contra os direitos e o magistério de vossa Igreja. Ó, se pudéssemos lavar, com o próprio sangue, tantas iniquidades.

Entretanto, para reparar a honra divina ultrajada, vos oferecemos, juntamente com os merecimentos da Virgem Mãe, de todos os santos e pessoas piedosas, aquela infinita satisfação que vós oferecestes ao Eterno Pai sobre a cruz, e que não cessais de renovar todos os dias sobre os nossos altares.

Ajudai-nos, Senhor, com o auxílio da vossa graça, para que possamos, como é nosso firme propósito, com a vivência da fé, com a pureza dos costumes, com a fiel observância da lei e caridade evangélica, reparar todos os pecados cometidos por nós e por nossos irmãos, impedir por todos os meios novas injúrias de vossa divina Majestade e atrair ao vosso serviço o maior número de pessoas possível.

Recebei, ó benigníssimo Jesus, pelas mãos de Maria Santíssima Reparadora, a espontânea homenagem deste nosso desagravo e concedei-nos a grande graça de perseverarmos constantes até a morte no fiel cumprimento dos nossos deveres e no vosso santo serviço, para que possamos chegar todos juntos à pátria bem-aventurada, onde vós, com o Pai e o Espírito Santo, viveis e reinais, Deus. Por todos os séculos dos séculos. Assim seja.

Sagrado Coração de Jesus!
Eu confio em vós!

Salmo 91

Tu que estás sob a proteção do altíssimo e moras à sombra do Onipotente, dize ao Senhor: "Meu refúgio, minha fortaleza, meu Deus em quem confio". Ele te livrará do laço do caçador, da peste funesta; ele te cobrirá com suas penas, sob suas asas encontras refúgio. Sua fidelidade te servirá de escudo e couraça. Não temerás os terrores da noite nem a flecha que voa de dia, nem a peste que vagueia nas trevas, nem a epidemia que devasta ao meio-dia. Cairão mil ao teu lado e dez mil à tua direita; mas nada te poderá atingir. Basta que olhes com teus olhos, verás o castigo dos ímpios. Pois teu refúgio é o Senhor; fizeste do altíssimo tua morada. Não poderá te fazer mal a desgraça, nenhuma praga cairá sobre tua tenda. Pois ele dará ordem a seus anjos para te guardarem em todos os teus passos. Em suas mãos te levarão para que teu pé não tropece em nenhuma pedra. Caminharás sobre a cobra e a víbora; pisarás sobre leões e dragões. "Eu o salvarei, porque a mim se confiou; eu o exaltarei, pois conhece meu nome. Ele me invocará, e lhe darei resposta; perto dele estarei na desgraça, vou salvá-lo e torná-lo glorioso. Vou saciá-lo com longos dias e lhe mostrarei minha salvação".

Bibliografia consultada

CIC. Catecismo da Igreja Católica. 9. ed. São Paulo: Loyola/Vozes/Paulinas/Ave-Maria/Paulus, 1998.

CNBB. *Exigências evangélicas e éticas de superação da miséria e da fome*. São Paulo: Paulinas, 2002. n. 69.

EICHER, Peter (dir.). *Dicionário de conceitos fundamentais de teologia*. São Paulo: Paulus, 1993.

JOÃO PAULO II. *A missão da família cristã no mundo de hoje*. São Paulo: Paulinas, 1982.

_____. *A misericórdia de Deus*. Carta apostólica sobre alguns aspectos da celebração do sacramento da penitência. São Paulo: Paulinas, 2002.

SONDERMEIJER, S. *A devoção ao Sagrado Coração de Jesus em nossos dias*. São Paulo: Paulinas, 1986.

ZORZI, Lucio. *O Sagrado Coração de Jesus*; espiritualidade para o novo milênio. São Paulo: Paulinas, 2001.

Sumário

Apresentação 7

1. O amor misericordioso de Deus vivido por Jesus e manifestado no seu Sagrado Coração 9
   A tradição bíblica 10
   A origem histórica da devoção ao Sagrado Coração 12
   O ensino atual da Igreja 13
   As doze grandes promessas do
   Sagrado Coração de Jesus 15
   Breve comentário às doze promessas
   do Sagrado Coração de Jesus 16
   Considerações finais 22

2. Devocionário do Sagrado Coração de Jesus 25
   Consagração do gênero humano ao
   Sagrado Coração de Jesus 26
   Ladainha do Sagrado Coração de Jesus 27
   Consagração da família ao Sagrado Coração de Jesus .. 31
   Lembrai-vos, ó dulcíssimo Jesus 32
   Oração ao Sagrado Coração de Jesus 33
   Consagração ao Sagrado Coração de Jesus 34

3. Novena em preparação à festa do Sagrado
   Coração de Jesus 35

4. Orações diversas 47
   Bênção do Santíssimo Sacramento 48
   Louvores a Deus e aos seus santos 49
   Oração pela Igreja e pela pátria 49
   Oferecimento do Apostolado da oração 50
   Oferecimento do dia ao Divino Coração de Jesus 50
   Oração para passar bem o dia 50
   Alma de Cristo... 51
   Oração a Jesus Crucificado 51

Anexos 53
   Entronização da imagem do
   Sagrado Coração de Jesus nas famílias 54
   Ato de consagração ao Puríssimo
   Coração de Maria 56
   Ato de desagravo para a festa do Sagrado Coração
   de Jesus, diante do Santíssimo exposto 59
   Salmo 91 61

Bibliografia consultada 62

Paulinas

Rua Dona Inácia Uchoa, 62
04110-020 – São Paulo – SP (Brasil)
Tel.: (11) 2125-3500
paulinas.com.br – editora@paulinas.com.br
Telemarketing e SAC: 0800-7010081